# Vivi de la Luna

Daniela Zoto
ilustrado por Patricia Acosta

I0902600

Yo soy Vivi. Soy una nena
como tú. Pero vivo en la Luna.

No soy distraída. Yo de verdad vivo en la Luna.

Yo voy al volante de mi nave.

Voy a visitar tu ciudad.

Yo voy a la avenida. Y voy al parque.

Voy al museo y voy al zoológico.
Yo visito todo el vecindario.

¿Y tú? ¿Vienes a la Luna?